GUÍAS JAR

EL JARDIN ACUÁTICO

PHILIP SWINDELLS

BLUME

ES UN LIBRO BLUME

Título original:
Water Gardening

Traducción:
Maria Àngels Anglada

Coordinación de la edición española:
Cristina Rodríguez Fischer

Primera edición española 1994

© 1985, 1988 Marshall Cavendish Limited, Londres
© 1994 Naturart, S.A. Es un libro BLUME
Barcelona

I.S.B.N.: 84-8076-050-8
Depósito legal: B. 7373-1994
Impreso en Grafos, S.A. Arte sobre papel, Barcelona

Portada: Nymphaea «Escarboucle».
Contraportada: Estanque de jardín. (Fotografías de Harry Smith
Horticultural Photographic Collection.)

CONTENIDO

INTRODUCCIÓN

El cultivo de plantas acuáticas es un entretenimiento fascinante del que puede disfrutarse a cualquier edad. El agua añade mucho atractivo a un jardín: inmovilidad apacible, fuentes relucientes, agitados saltos de agua y una gran diversidad de bellas plantas que sólo pueden cultivarse en ambientes acuáticos.

Además, construir un estanque de jardín no resulta ya tan laborioso. El hoyo aún debe excavarse, pero ya no es necesario utilizar hormigón. Los modernos estanques prefabricados permiten construir un jardín acuático a cualquiera.

SITUACIÓN DEL ESTANQUE

La elección del lugar adecuado para el jardín acuático es de suma importancia. Aparte de que un estanque es difícil de trasladar si, una vez construido, nos parece que hubiera estado mejor en otro lugar, su correcta ubicación es de vital importancia para el bienestar del conjunto de sus plantas y peces.

Si se escoje un lugar poco adecuado y las plantas no prosperan, los peces no se encontrarán a gusto y todo el conjunto acuático resultará desequilibrado. Esto crea problemas tales como la decoloración o crecimiento excesivo de las algas, y el jardinero necesitará la ayuda de gran cantidad de algicidas y limpiadores de estanques para lograr un equilibrio.

Para obtener un crecimiento vegetal sano y vigoroso y, en consecuencia, un estanque limpio y atractivo con agua brillante, es esencial situarlo en un lugar abierto y soleado. Todas las plantas acuáticas gustan del sol.

Resulta útil algo de abrigo para impedir que las plantas del borde caigan en el agua por la acción del viento. Las plantas de margen, habitualmente cultivadas en cestos especiales para plantas acuáticas, en los rincones menos profundos del estanque, a menudo llegan a ser muy pesadas en la parte superior. La protección del viento dominante ayuda a impedir que las hojas caídas de los alrededores sean arrastradas hasta el agua. Debe evitarse la sombra sobre el estanque, pero la que proporcionan los nenúfares ubicados directamente sobre la superficie del agua es muy útil.

DERECHA Un estanque de aspecto natural, situado de modo que pueda reflejar los grandes árboles del fondo. El exuberante crecimiento de las plantas acuáticas más alejadas integra el estanque en el conjunto del jardín y proporciona un interés especial al contrastar agradablemente con el arriate arbustivo del fondo, lleno de color.

PÁGINA SIGUIENTE La forma rectangular de este atractivo estanque está suavizada por pequeñas matas de plantas de tonos rosados, resaltados por el fresco follaje verde.

Los nenúfares ayudan a reducir la luz solar que penetra bajo la superficie del agua y, por consiguiente, dificultan la vida de las algas decoloradoras; además, procuran sombra a los peces de colores, que, en las calurosas tardes de verano, no gustan del agua excesivamente iluminada.

Atractivo visual A pesar de que la correcta ubicación del estanque es esencial para asegurar su éxito continuado, situarlo de modo que proporcione una buena panorámica es casi igualmente importante, ya que un estanque mal situado desvirtúa el atractivo del jardín en lugar de aumentarlo.

Los jardineros, a menudo, saben que su estanque está mal colocado, pero no saben exactamente porqué. Para comprender las propiedades del agua debemos mirar qué ocurre en la naturaleza. Una charca se encuentra pocas veces a un nivel más alto que el suelo que la rodea, a menos que esté cercada por rocas en la ladera de una montaña. Por lo general, yace tranquila en el nivel inferior del paisaje, reflejando todo lo que la rodea. En el jardín deberíamos imitar la naturaleza, tanto como nos fuese posible, para crear una sensación visual atractiva.

Antes de excavar el hoyo se puede tener una idea aproximada del aspecto que presentará el estanque colocando en el suelo una cuerda o una manguera en la forma deseada. Ésta puede variarse hasta lograr un efecto satisfactorio. Luego se colocan estacas en los puntos principales para seguir el contorno de la forma deseada.

Efectos ópticos Cuando se ha de ubicar un estanque, los demás elementos del jardín rara vez resultan compatibles con lo que es más conveniente. Quizá los árboles que ya crecen allí están en la parte más baja, y el único lugar abierto está expuesto a los vientos predominantes del lugar. Si se da este caso, han de crearse efectos e ignorar la situación existente.

Puede procurarse algo de protección agrupando arbustos decorativos en el trayecto del viento de modo que no den la impresión de una pantalla. Cuando el mejor lugar para situar el estanque no se encuentra en la zona de nivel más bajo del jardín, a menudo es posible esparcir la tierra sacada del hoyo para lograr que lo parezca. A veces es necesario colocar algún arbusto o un grupo de plantas herbáceas para separar el estanque de la tierra que lo rodea y que se encuentra a un nivel más alto.

Además del problema de la sombra que proporcionan, algunos árboles son poco adecuados para estar cerca de un jardín acuático, aunque sean muy atractivos. Los tradicionales árboles llorones no son plantas de borde de estanque sino habitantes de las riberas de los ríos, que, con el rápido flujo de sus aguas, pueden arrastrar las hojas que caen. En un estanque, las hojas se amontonan, se descomponen y producen gases tóxicos. Las del sauce llorón contienen una toxina especialmente desagradable, análoga a la aspirina, que mataría todos los peces.

Todos los árboles de la familia del ciruelo y del cerezo son los anfitriones donde pasan el invierno los pulgones de los nenúfares, y deben evitarse o rociarse durante el·invierno con carbolíneo.

DISEÑO DEL ESTANQUE

El diseño que cada jardinero escoje para su estanque es una cuestión de gusto personal. Para que se ajuste a los modelos aceptados de diseño de jardines, un marco formal debería albergar un estanque formal, mientras que un jardín informal debería hospedar un estanque informal. No hay reglas que conciernan al diseño, pero si no se adoptan los principios básicos, los efectos pueden ser tan desastrosos como el que causaría un estanque situado en la parte más alta de un paisaje ondulado, tal como hemos señalado en el capítulo anterior.

Estanques formales En un marco formal, el diseño de la superficie del estanque debería concordar con sus alrededores. Por tanto, debe tener una forma geométrica: rectangular, cuadrada, oval o circular, o una combinación de ellas, dispuestas de tal modo que el conjunto proporcione sensación de equilibrio. Las fuentes y los adornos han de disponerse de manera similar, de modo que, vistos desde cualquier ángulo, den sensación de armonía.

Los materiales que formen el estanque deben ser consistentes, y las líneas creadas, sea por el pavimento o por el arreglo, han de ser pronunciadas y severas. Es tan posible tener un estanque formal elevado sin que ofenda la vista como un estanque hundido o uno junto a una pared, siempre y cuando las líneas sean formales.

En un estanque formal, lo que se planta es tan importante como la forma de su diseño. No es sólo la necesidad de incluir todos los componentes necesarios para crear un equilibrio sano, sino la cuidadosa situación de cada planta en particular. La concordancia de las necesidades de las plantas acuáticas con las cualidades arquitectónicas es vital si se quiere que, desde el principio, el estanque presente una buena imagen. Es un cuadro en el que las plantas hacen de marco y el agua de lienzo; un lienzo reflectante en el cual la estratégica situación de las plantas de aguas profundas conseguirá o estropeará el efecto total que buscamos.

El agua libre de un estanque formal es esencial para permitir que se reflejen en ella los árboles cercanos, el cielo o, mejor aún, las plantas que lo enmarcan.

Estanques informales No existen reglas que legislen el completo diseño de un estanque en un marco informal, pero la práctica ha demostrado que es mejor tener un estanque sin rincones exigentes porque son difíciles de mantener. El estanque informal más satisfactorio tendrá curvas y arcos, que resultan agradables a la vista y no son difíciles de construir. El estanque ha de armonizar también con los alrededores y, en la medida de lo posible, el borde se disimulará con plantas rastreras como becabunga, herniaria y hierba de las monedas.

Muchos estanques informales están situados junto a un jardín de rocalla. Siempre que sea posible, póngalos juntos para que formen una unidad. En el borde del estanque, las plantas alpinas y las acuáticas pueden crecer juntas. Plantar en un estanque informal es aun más complicado que en un marco formal, ya que las plantas han de disponerse artificialmente para crear la sensación de un lugar natural.

Agua natural Muy pocos jardineros tienen la suerte de poseer una charca natural en su jardín. Aquellos que disfrutan de la fortuna de ser orgullosos propietarios de agua natural deben tener cuidado de no echar a perder tal ventaja. La naturaleza tiene el modo de hacer las co-

EXTREMO SUPERIOR
Un atractivo diseño
formal.

SUPERIOR Un rincón
informal cuidadosamente
planeado.

sas correctamente, y la mayoría de estanques naturales han adquirido una forma sin la intervención del hombre.

Profundidad Por importante que sea proporcionar un aspecto atractivo al conjunto del estanque, todos los planes serían inútiles si la estructura interna no es satisfactoria. Las plantas no prosperan a profundidades hostiles, y los peces tampoco viven bien.

Cada grupo de plantas acuáticas tiene una profundidad mínima para crecer y una profundidad máxima, más allá de la cual su crecimiento se deteriorará. La mayoría de nenúfares y otras plantas acuáticas de aguas profundas requieren una profundidad mínima de 45 cm para desarrollarse, mientras que pocas plantas de margen tolerarán una profundidad mayor de 23 cm y, de hecho, la mayoría prefieren aguas menos profundas. Para asegurar la supervivencia de los populares peces de estanque, es nece-

saria una profundidad mínima de 45 cm en un lugar u otro del estanque.

Cuando se plantea la construcción de un estanque forrado o de hormigón, es prudente decidir en primer lugar las plantas que uno querría cultivar y, posteriormente, diseñar el estanque, según sus requerimientos. Cuando se hacen los cálculos para distintas profundidades, recuerde que un cesto de plantado tradicional mide 15 cm de profundidad; por lo tanto, una repisa para plantas marginales, por ejemplo, ha de tener, como mínimo, 23 cm bajo el agua, si la superficie de las plantas necesita estar cubierta por una notable cantidad de agua.

CONSTRUCCIÓN DEL ESTANQUE

Con la llegada de los materiales modernos, la construcción del estanque de un jardín ya no es el trabajo duro y laborioso que era en otro tiempo. Naturalmente, aún ha de excavarse el hoyo, pero el uso del hormigón —considerado todavía un buen material— ya no es imprescindible. Los modernos estanques prefabricados permiten al menos experto y vigoroso construir un jardín acuático satisfactorio sin demasiado esfuerzo.

REVESTIMIENTOS PARA ESTANQUES

Los forros son los materiales de construcción de estanques más versátiles. Consisten en una lámina de material resistente al agua que se utiliza para forrar el hoyo y que forma un revestimiento impermeable. Existen tantos tipos distintos que siempre se encuentra uno adecuado para cada caso y presupuesto.

Revestimientos de polietileno Son los más económicos. Por lo general es polietileno de 500 galgas, de color azul intenso o, a veces, gris, y se encuentran ya preparados en las tiendas de plásticos y en los centros de jardinería. Aunque son baratos e invitan al jardinero menos dispuesto a interesarse por la jardinería acuática, son los menos duraderos: pocas veces tienen una vida útil de más de tres años.

El mayor inconveniente es que se estropean, a no ser que estén totalmente sumergidos en agua. Esto es difícil de solucionar, ya que incluso en los estanques mejor regulados y conservados, durante el tiempo cálido en que se da más evaporación aparece periódicamente un espacio entre el nivel del agua y el del suelo. Esta estrecha banda de polietileno expuesta al aire se descompone con la luz del sol, se hace quebradiza y se agrieta. Aparecen las filtraciones y, en los casos más graves, la parte superior del forro se separa del resto. La función más útil de un revestimiento de polietileno es la de proporcionar alojamiento temporal a los peces y a las plantas cuando se está limpiando el estanque principal.

Revestimientos de goma y PVC Son distintos tipos de forros duraderos, en especial la goma de calibre grueso, utilizada a menudo para revestir lagunas de canotaje y canales de irrigación. Resulta cara, pero es el revestimiento más duradero, resiste bien las inclemencias del tiempo y sólo defraudará al jardinero si sufre un corte con un objeto puntiagudo; y, aun así, se repara con facilidad. No sucede lo mismo con el PVC, a pesar de que las herramientas para repararlo se encuentran en abundancia. Si un forro de este tipo ha sufrido un pinchazo, es mejor reemplazarlo. Los modernos revestimientos de PVC son como el polietileno de galga gruesa pero más flexibles, y la mayoría están reforzados con una tela de *Terylene*. Duran mucho tiempo si se manejan con cuidado y pueden encontrarse en un gran surtido de colores, entre ellos azul, gris e imitación de guijarros.

Cálculo del tamaño Puede ser una sorpresa descubrir lo grande que parece ser el forro comparado con el tamaño del estanque que se piensa construir. Conviene tener en cuenta que no se ha de considerar únicamente el conjunto de la longitud, la anchura y la profundidad, sino también la anchura de las repisas del borde y del solapado necesario.

Un estanque de forma irregular es aún más complicado, porque los cálculos han de basarse en las dimensiones de un rectángulo que abarque los extremos más distantes del hoyo. Alrededor del borde del estanque debe dejarse siempre, además, un trozo adicional para asegurar que el forro pueda sujetarse firmemente.

Instalación Todos los revestimientos se colocan de la misma forma; sólo los de polietileno presentan algunos problemas, debidos principalmente a su falta de elasticidad. Para conseguir el máximo de flexibilidad posible, es importante extender el forro de polietileno al sol, con objeto de que se reblandezca.

1. Señale la forma del estanque con una cuerda y, cuando la considere correcta, asegúrela con estacas.

2. Saque con sumo cuidado porciones del césped del contorno y del interior y déjelas a un lado.

3. Excave la superficie destinada a repisa hasta la profundidad requerida. Compruebe que la base esté nivelada.

4. Utilice la cuerda para señalar el contorno de la repisa, a la que dará una anchura suficiente.

5. Excave la parte central más profunda. Recuerde comprobar, una vez más, que la base esté completamente nivelada.

6. Esparza una capa de arena sobre la base para eliminar las irregularidades y proteger el revestimiento.

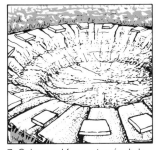

7. Coloque el forro a través de la superficie del estanque de modo que se solape en toda su extensión; sujete los bordes.

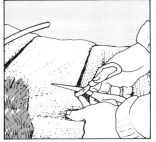

8. Vierta agua sobre el revestimiento y vaya soltándolo lentamente al tiempo que levanta los pesos. Recórtelo.

9. Fije el borde del forro con las piezas de césped o con losas de pavimento, colocadas de forma que solapen ligeramente el borde.

El hoyo debe excavarse con los lados en declive y una repisa a su alrededor, si se necesita. Compruebe la horizontalidad con un nivel de agua y luego revise todo el hoyo para eliminar los palos, las piedras o cualquier otro objeto que pudiera agujerear el revestimiento cuando la presión del agua lo proyecte contra su contorno. En algún caso es recomendable esparcir una capa de arena sobre la base del agujero para que actúe de almohadilla, mientras que, en los suelos muy pedregosos, unas bolas de papel de periódico mojado presionadas contra las paredes darán una protección similar. Los revestimientos de polietileno han de colocarse en el hoyo excavado antes de añadir el agua, en lugar de hacerlo simultáneamente, porque tienen poca elasticidad.

Los revestimientos de otros tipos, al ser más flexibles, casi no necesitan más que ser extendidos uniformemente sobre el hoyo; luego se vierte el agua en su centro. El forro, bien extendido, se sujeta alrededor del borde con el peso de unas piedras y, a medida que la presión del agua del estanque crece, las piedras se van cambiando de lugar lentamente, de manera que el forro cubra el hoyo y se ajuste exactamente a él. A medida que el estanque se llena, cualquier arruga que pueda aparecer en el revestimiento debe alisarse o camuflarse cuidadosamente porque, una vez que el forro esté fijado en su lugar, será imposible enderezarlo.

Cuando el estanque ya esté lleno, se recorta el solapado de la parte superior y se fija el revestimiento al suelo antes de cubrir su borde con baldosas o cuadros de césped. Puesto que los revestimientos de estanques no son perjudiciales para la vida acuática, puede surtirse de plantas casi de inmediato.

ESTANQUES DE FIBRA DE VIDRIO

Actualmente la manera más popular de construir un estanque permanente consiste en utilizar una forma prefabricada de fibra de vidrio o de plástico inyectado al vacío. Esta última, aunque barata, no es recomendable, y a menudo es bastante difícil de instalar de modo satisfactorio. Los estanques de fibra de vidrio bien fabricados son casi insuperables, ya que son duraderos, no son tóxicos y se instalan con relativa facilidad.

Elección de la forma Aunque la forma superficial de un estanque prefabricado causa pocas preocupaciones, su correcta estructura interna es vital. Desgraciadamente, la mayoría de fabricantes de fibra de vidrio no son jardineros y no han estudiado las costumbres y necesidades de las plantas que sus estanques albergarán. Salvo pocas excepciones, las repisas laterales son demasiado estrechas o, sencillamente, no existen. Estos estanques carecen de expectativas para la mayoría de plantas acuáticas, y deben evitarse. Los que tienen una parte profunda y un extremo poco hondo en lugar de una repisa marginal suelen ser los mejores. Su único y pequeño inconveniente es que todos los elementos de borde deberán agruparse en el extremo poco profundo.

Estanque de piedra Es muy fácil que los inexpertos tengan la tentación de comprar un estanque de piedra. Su pequeño tamaño y su precio discreto resultan muy atractivos, pero este tipo de estanques no está diseñado para el cultivo de plantas acuáticas o la cría de peces. Se fabrica para servir como estanque de alimentación en la parte más alta de un jardín de rocalla u otra estructura elevada similar, desde donde el agua cae en forma de cascada o de torrente. Se podría conseguir establecer en él algunos juncos y una mata de plantas sumergidas oxigenadoras, pero los peces rojos quedan definitivamente descartados; unos cuantos caracoles, en cambio, no harían ningún daño.

Excavación del hoyo Si usted va a un centro de jardinería y pregunta al ven-

Un estanque de fibra de vidrio debe tener una o más repisas anchas para las plantas marginales. Estos estanques prefabricados existen en un amplio surtido de formas y tamaños, y duran mucho tiempo.

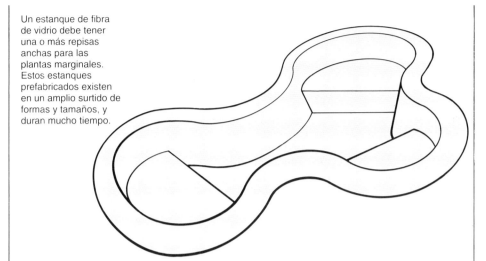

dedor cómo debe instalar su estanque de fibra de vidrio recién adquirido, es probable que le conteste que excave un hoyo con la misma forma. Lo que realmente debe hacerse es excavar un hoyo de longitud, anchura y profundidad suficientes para que el estanque pueda encajar en él, de modo que la parte menos profunda se sostenga con ladrillos. Asegúrese de que el hoyo no sólo aloja el estanque, sino que tiene espacio suficiente alrededor del borde para rellenar la parte posterior.

Instalación del estanque Una vez conseguido el hoyo adecuado, coloque el estanque en él y, minuciosamente, nivélelo de un lado a otro y de un extremo a otro con ayuda de un tablón recto y un nivel de agua, a la vez que instala un soporte adecuado bajo el lugar menos profundo. En esta fase, el borde del estanque no debería estar al mismo nivel que el suelo que lo rodea porque, con la constante presión del relleno de la parte posterior, se levantará de manera inevitable. Deje un par de centímetros para permitir este proceso y, así, el estanque empezará por debajo del nivel del suelo.

Si el suelo excavado se desmenuza fá-

cilmente en partículas uniformes, puede utilizarse para el relleno de la parte posterior. Dado que la mayoría de las veces no es así, es preferible utilizar arena de río, cascajo fino u otro material homogéneo que se desprenda con facilidad, en lugar de esforzarse y realizar un trabajo poco satisfactorio. Esto no sólo simplifica el trabajo, sino que disminuye las posibilidades de que queden bolsas de aire; así, la presión desde el interior del estanque, como la que causaría un pie pesado cuando se está limpiando, no hará que la superficie de la fibra de vidrio se fracture y se agujeree.

El borde del estanque puede terminarse con losas de pavimento o con tepe de los alrededores. En este caso, es importante que la parte fibrosa del tepe quede en íntimo contacto con el agua para que el césped no se seque.

Los estanques inyectados al vacío son muy similares a los de fibra de vidrio, pero su falta de rigidez hace que la instalación sea mucho más difícil. El hoyo se excava del mismo modo, pero el relleno de la parte posterior es más complicado. Además, dado que estos estanques son tan flexibles, es importante mantenerlos rígidos llenándolos de agua a medida que se lleva a cabo el relleno.

ESTANQUES DE HORMIGÓN

Construir un estanque de hormigón no puede describirse más que como un trabajo duro. De todos modos, y analizándolo bien, si se tienen la destreza y el tiempo suficientes para construir uno, todavía hoy es la forma de construcción más duradera. Además, al cabo de un par de temporadas puede haber adquirido un aspecto completamente natural. Sus limitaciones son las derivadas de su forma y tamaño, y del material utilizado. Por lo tanto, es aconsejable que el estanque tenga el mínimo de curvas y hornacinas (que requerirían un encofrado complejo), que los lados formen suaves pendientes y que ocupe una superficie no mayor de la que se puede preparar en un día.

Excavación del hoyo Cuando se cava un hoyo para un estanque de hormigón, conviene recordar que el conjunto de la excavación precisará 15 cm más de longitud que el tamaño final del estanque, debido al grosor del hormigón. Debe diseñarse de modo que no tenga ángulos agudos y que los lados no ofrezcan más de una pendiente, que puede solucionarse sin necesidad de encofrado. Una vez terminado, los lados y el suelo del hoyo han de apisonarse con fuerza para evitar un posible hundimiento posterior. La excavación puede forrarse entonces con polietileno grueso de construcción antes de proceder al hormigonado. El polietileno es un pequeño seguro adicional contra las goteras, e impide que la humedad del hormigón penetre en el suelo y aquél se seque con excesiva rapidez. El secado rápido del hormigón puede producir fisuras capilares que aparecerán en la superficie.

Preparación del hormigón Lo mejor sería intentar obtener la mezcla de hormigón ya preparado en una fábrica. Ha de ser una mezcla uniforme, de consistencia homogénea, y podría contener, además, sustancias impermeables. El inconveniente es que llegará el día previsto para la entrega, tanto si llueve como si hace sol, y cabe la posibilidad de que sea descargado a una distancia considerable del lugar en que ha de verterse.

Hacer la mezcla manualmente es trabajoso, pero puede hacerse una buena faena si se tiene cuidado. Una mezcla aconsejable consiste en una parte por volumen de cemento, dos partes de arena y cuatro partes de grava (3/4 si es gravilla). Estos ingredientes se mezclan en seco con una pala hasta que adquieren un color gris uniforme. Si se piensa añadir polvos impermeables, debe hacerse antes de mezclar el material con agua. A continuación se añade agua, y la mezcla se remueve hasta que adquiera una consistencia espesa y un color gris oscuro. Para probar si el hormigón está listo para el uso, introduzca en él una pala y muévala arriba y abajo en una serie de sacudidas. Si las arrugas que se forman permanecen, ya puede usarlo.

Colocación del hormigón La primera capa de hormigón se extiende uniformemente sobre el fondo y por los lados del estanque hasta unos 10 cm de altura. A continuación, se hunde en el hormigón aún húmedo una tela de alambre de malla ancha, como la que se usa en las granjas de aves, para reforzarlo. Se vierten encima otros 5 cm de hormigón y se alisan con una paleta de yesero para conseguir un bello acabado.

Una vez que el agua superficial restante ha desaparecido, debe dejarse secar el hormigón lentamente para evitar que aparezcan fisuras capilares. Las superficies pequeñas pueden cubrirse con sacos húmedos de arpillera; cuando esto es imposible, una manguera con una margarita de agujeros finos puede utilizarse a intervalos regulares para rociar la superficie del hormigón. Esto sólo debe hacerse durante un par de días, hasta que el hormigón haya empezado a solidificarse.

Hacer el hormigón seguro Uno de los inconvenientes indiscutibles de usar hormigón para la construcción de un estanque es que, cuando se vierte el agua en él, se libera cal. Esto es perjudicial en diversos grados, tanto para las plantas como para los peces; por lo tanto, la cal debe neutralizarse. Una sustancia selladora, como el universal «Silglaze», nos servirá. Es un polvo blanco que se mezcla con agua y que se utiliza para pintar la superficie seca del estanque. Además de neutralizar la cal, sella el hormigón.

Las pinturas líquidas a base de goma o de plástico también pueden utilizarse para prevenir la liberación de la cal, aunque su función principal es actuar de selladoras e impermeabilizantes del estanque. Se encuentran en diversos colores, y sólo deben aplicarse después de una base adecuada. Sin esta base, la pintura caería a tiras. Una vez que el estanque ha sido sellado y protegido contra los efectos de la cal, puede plantarse en él de inmediato.

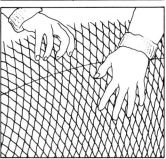
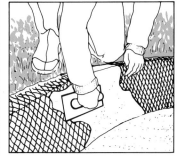

1. Cuando excave el hoyo para un estanque de hormigón, deje algunos centímetros más de anchura y de profundidad para alojar el grosor del hormigón. Evite los ángulos agudos y las pendientes.
2. Cuando haya excavado hasta la medida necesaria, apisone el suelo con fuerza para evitar un posterior hundimiento.
3. Forre la superficie excavada con polietileno grueso de construcción para proteger la humedad del hormigón.
4. Si se necesita encofrado, debe colocarse y rellenarse en esta fase.
5. Si no se necesita, refuerce el hormigón con tela de alambre de malla ancha, que se introduce en la mezcla aún húmeda.
6. Esparza otros 5 cm de hormigón sobre la primera capa y use una paleta para conseguir un acabado liso. Asegúrese de que el hormigón no se seca con demasiada rapidez.

FUENTES Y CASCADAS

El agua en movimiento añade un toque mágico al jardín. No es sólo la atracción visual del chorro de una fuente bajo la luz del sol o el salto y la espuma del agua que cae por una cascada, sino también el maravilloso murmullo y las salpicaduras que la acompañan. Un jardín debe estimular todos los sentidos, y el agua lo hace del modo más agradable.

Es importante recordar, de todos modos, que los nenúfares reaccionarán de forma negativa si se hallan junto a una fuente en funcionamiento, y el jardinero debe decidir qué es prioritario para él. Los nenúfares y otras plantas similares de aguas profundas son los pobladores naturales de los estanques y remansos tranquilos, donde se encuentran en paz. La constante turbulencia del agua hará que, al final de una temporada, estén mustios. Sólo en un estanque muy grande, en el que las plantas estén alejadas de tal suplicio, podrán convivir en armonía.

Elección de la bomba Escoger una bomba apropiada es como comprar un coche nuevo. Debe saberse en todo mo-

mento lo que se está haciendo, y por esta razón es aconsejable estudiar los catálogos de dos o tres especialistas en jardinería acuática para ver qué ofrecen. La mayoría de especialistas disponen de bombas de tipo sumergible, y es una de este tipo la que se debe escoger.

La confianza es vital, pero es casi igual de importante la elección de una bomba que produzca un chorro satisfactorio para el proyecto que se quiere llevar a término. Para conseguir un flujo de agua continuo de 15 cm a través del conjunto de una cascada mediana, se necesitan 1365 litros de agua por hora.

Si no sabe qué cantidad de agua va a necesitar para su cascada, riegue el lugar con una manguera durante un minuto y recoja el agua en un cubo. Mida la cantidad recogida en litros, multiplíquela por 60 y tendrá los litros por hora. Una bomba de esta capacidad es la que debe escoger.

Existen dos tipos de bombas diseñadas para los estanques de jardín: las sumergibles y las de superficie. Estas últimas se utilizan, en realidad, para bombear grandes cantidades de agua, y necesitan estar alojadas en una pequeña construcción especial, por lo que ofrecen ciertas limitaciones para un jardinero aficionado. La mayoría de jardineros adquieren la bomba totalmente sumergible, ya que se instala con facilidad y es capaz de proporcionar una fuente o una cascada bastante satisfactoria y, en algunos casos, ambas a la vez.

La fuente Se puede conseguir de un modo muy sencillo: con una bomba sumergible que se sujeta en una base firme dentro del estanque, de modo que el tubo de salida del chorro queda justo por debajo del agua. Existen distintos tipos de extremos para acoplar al tubo de salida.

IZQUIERDA Una fuente tradicional con un vigoroso surtidor logrado con una bomba sumergible.
INFERIOR Una fuente de guijarros es un atractivo seguro para un jardín pequeño. Las piedras salpicadas por el agua tienen el efecto adicional de un sutil cambio de coloración de superficie.
DERECHA Este diminuto estanque circular bordeado de losas de piedra tallada utiliza la fuente como punto de atracción.

DERECHA Un follaje cuidadosamente seleccionado le proporciona un aspecto muy agradable a este estanque. Los nenúfares de color crema constituyen el contraste ideal de las formas esculturales de las hojas y de las rocas circundantes.

INFERIOR El agua en movimiento confiere magia y música al jardín, ya sea el suave susurro de una corriente sobre guijarros, o bien, al igual que en la ilustración, la fuerza de una cascada.

Dado que las bombas sumergibles son eléctricas, conviene solicitar el consejo de un electricista, porque la mezcla de electricidad y agua puede producir la muerte. Por lo general, la bomba va provista de un cable resistente al agua de considerable longitud. Éste debe unirse al cable de salida de la línea por medio de una conexión resistente al agua. Si es posible, esta conexión debe estar situada bajo una de las losas que rodean el estanque, ya que así se accede a ella fácilmente cuando se saca la bomba durante el invierno; además, la conexión queda protegida.

La cascada Un salto de agua o una cascada sencilla, sola o acompañada de una fuente, puede conseguirse con una bomba sumergible. Se conecta una manguera larga en el tubo de salida de la bomba y se disimula en el conjunto de la cascada, de modo que el agua sólo fluye por el ex-

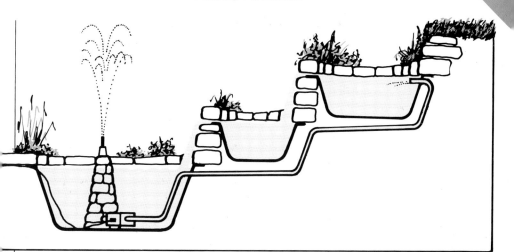

SUPERIOR Aquí se utiliza una bomba sumergible para formar una cascada que, a través de dos pequeños estanques escalonados, cae hasta un tercero que alberga una fuente.

INFERIOR Un bello salto de agua en cascada sobre unos peldaños rocosos, en el pequeño estanque de un jardín. Funciona según el mismo principio.

vestimiento, pero la más sencilla y eficaz es la prefabricada con fibra de vidrio. Aunque al principio puede parecer muy poco atractiva, es posible disimular las partes menos agraciadas con rocas y plantas. Este pequeño inconveniente queda compensado por la impermeabilidad garantizada del recorrido, y el avance correcto del agua crea un efecto de naturalidad. Un factor muy importante que conviene recordar cuando se monta una cascada con un conjunto prefabricado es que debe encajar con precisión y estar bien nivelada lateralmente.

Uso del filtro La consecución de un equilibrio natural es el propósito de un buen jardinero, pero esto no se logra de la noche a la mañana. Muchos jardineros hacen del agua límpida una cuestión de honor y, por esta razón, en las fases iniciales de formación —y, desgraciadamente, también más tarde—, instalan un filtro. Éste se conecta al extremo succionador de la bomba y, por lo general, consta de una almohadilla plana que va en el interior de una bandeja y a través de la cual pasa el agua por la acción normal de bombeo. El felpudo recambiable se revisa y se limpia regularmente para que la bomba sólo eche agua pura y cristalina.

tremo, en la parte superior. Del mismo modo que en la fuente, la bomba sumergida saca el agua por un extremo y la empuja hacia el otro, haciéndola circular.

El conjunto de la cascada puede hacerse de hormigón o con material de re-

PLANTADO DEL ESTANQUE

Cuando llega el momento de plantar en el estanque, el trabajo realmente duro se ha terminado. Elegir las plantas adecuadas es un placer, pero tenga cuidado de no transformar el estanque en una colección botánica. Para obtener el mejor efecto, plante dos o tres ejemplares de una misma clase en un cesto de plantado y limite el número de ellos, ya que el espacio libre es muy importante.

Formación de un equilibrio Éste es de vital importancia, y el aspecto debe supeditarse a los requerimientos necesarios para conseguir un ambiente adecuado y sano. Existe una fórmula sencilla que puede aplicarse a los estanques de jardín para conseguir un equilibrio armonioso. No se basa en un estudio científico, sino en las observaciones llevadas a cabo durante muchos años por jardineros. Se basa en la superficie total del estanque, sin contar las repisas marginales, y se recomienda que las plantas sumergidas oxigenadoras —habitualmente vendidas como manojos de injertos sin enraizar— deben plantarse a razón de un manojo por cada 0,09 m². Esto no significa que las plantas deban ser distribuidas a intervalos regulares por todo el estanque; el manojo entero puede plantarse en un único cesto, pero la cantidad de material vegetal utilizado para una superficie determinada es vital.

IZQUIERDA La encantadora estatua proporciona un punto focal.
SUPERIOR El uso de cestos de plantado es esencial para albergar a las plantas acuáticas.
INFERIOR Charca con *Aponogeton distachyus*, digno de ocupar un lugar en cualquier jardín acuático.

Al igual que las plantas, la cantidad de peces por cada 0,09 m² es de 5 cm, calculados desde la nariz a la cola; sin embargo, en un estanque donde no se prevea aumentar el número de peces, la medida puede aumentar hasta 15 cm.

La superficie del estanque debe estar sombreada. Para que se establezca un buen equilibrio, aproximadamente un tercio de la superficie debe estar cubierto con el follaje de plantas flotadoras.

Cómo colaboran las plantas Las plantas más importantes para crear un equilibrio en el estanque son las sumergidas oxigenadoras (véase pág. 42, donde se describen las especies recomendadas). De apariencia poco atractiva son esas «hierbas», como cariñosamente las llamamos, las que poseen la clave del equilibrio natural. Además de producir oxígeno para los peces y otros animales, compiten por las sales minerales del agua; por otro lado, al ser de estructura superior a las diminutas algas flotantes, las privan de alimento porque utilizan todas las sales disueltas.

La luz es vital para el correcto desarrollo de las plantas verdes; por tanto, si se puede eliminar la luz que penetra bajo la superficie del agua, las algas verdes decoloradoras tendrán dificultades. Es importante no economizar el número de las plantas oxigenadoras, a pesar de que muchas son bastante sosas, porque sin ellas el estanque se convertiría en un lugar muy desagradable.

No se engañe pensando que el agua se mantiene clara porque las plantas sumergidas oxigenadoras producen oxígeno. El hecho de que las plantas se denominen oxigenadoras es accidental y algo engañoso, ya que puede inducir a algunos jardineros a creer que no las necesitan, puesto que sus estanques ya están bien oxigenados por fuentes o cascadas. El oxígeno no es el quid de la cuestión, sino la competición por el alimento.

La importancia de los peces Los peces de un estanque son como la guinda de un pastel. Animan el agradable cuadro, dan movimiento y color de una forma que no puede conseguirse en ninguna otra parte del jardín. Además de su atractivo visual, proporcionan beneficios prácticos al jardinero porque devoran toda clase de insectos acuáticos nocivos, incluido el omnipresente mosquito.

Realce del estanque Al igual que en la mayor parte del resto del jardín, son las plantas las que dan un rasgo característico. Una vez que se han instalado las plantas de estanque básicas, puede considerar si añade otras cultivadas únicamente como decoración.

Intente encontrar algún ejemplar que florezca durante la mayor parte de la primavera y el verano. No existe ninguna planta acuática que por sí sola realice tal proeza, pero pueden cultivarse diversas clases de plantas de larga floración muy atractivas para que florezcan escalonadamente.

Tampoco debe olvidarse el follaje. Fíjese en su color, forma y porte. Es en el estanque, más que en ningún otro lugar del jardín, donde las formas son importantes, ya que no sólo es su impacto visual inmediato lo que realza el cuadro, sino también sus reflejos.

Intente relacionar el estanque con el resto del jardín permitiendo que las plantas acuáticas colonicen el suelo empapado del borde del agua y a la inversa: deje que las plantas del jardín crezcan hasta el borde del estanque. El estanque recién construido es un lienzo acuático que sólo precisa que el jardinero escoja unas plantas y las coloque de forma agradable y con sentido artístico. Una vez que el marco y el decorado se han establecido, puede animar el conjunto con algunos peces de colores.

Elección de las plantas En las páginas 38-47 encontrará una lista con la descripción de distintos tipos de plantas utilizadas en jardinería de estanques y bordes de agua.

Nenúfares y plantas acuáticas de aguas profundas Además de los nenúfares (*Nymphaea*), existen muchas otras plantas de aguas profundas que merecen nuestra atención. Todas proporcionan una cierta cantidad de follaje flotante, y son esenciales para crear un área adecuada de sombra en la superficie del agua que pueda asegurar un buen equilibrio del estanque. Además, los nenúfares florecen casi continuamente desde principios del verano hasta las primeras heladas del otoño.

La estación del plantado para los nenúfares y otras plantas de aguas profundas va desde la primavera hasta el final del verano. Las plantas se colocan en cestos con tierra de jardín limpia y de buena calidad, de modo que sólo sus brotes terminales sobresalgan de la superficie.

Cuando recoja la tierra, antes de plantar, es importante que evite mezclar en ella hojas muertas o hierbas: por ser propensas a descomponerse, polucionarían el estanque. La tierra de un huerto o de cualquier otro lugar que haya sido abonada recientemente con fertilizantes artificiales también debe evitarse, ya que propiciaría la aparición de algas en el estanque y, con ellas, toda clase de problemas.

Una vez que el ejemplar ha sido plantado en un cesto, el suelo debe cubrirse con una capa de grava fina de, aproximadamente, 1 cm. Esto evitará que los peces remuevan el compost en su búsqueda de insectos acuáticos. Resulta útil, además, empapar completamente el cesto con agua por medio de una regadera con margarita de chorros finos.

Esto hará salir todo el aire e impedirá que el suelo y otros restos se esparzan por el agua.

La mayoría de jardineros arrancan las hojas adultas de los nenúfares y otras plantas acuáticas semejantes a los lirios antes de plantarlas. Esto les resta parte de su capacidad flotadora y las ayuda a establecerse con mucha más rapidez. A menudo, la conservación de las hojas flotantes adultas provoca que las plantas salgan de sus recipientes.

Cuando coloque los nenúfares en el estanque, es esencial situarlos tan lejos como sea posible del agua en movimiento. Las otras plantas de aguas profundas son más tolerantes y pueden colocarse donde mejor convenga.

En los grandes jardines acuáticos naturales o establecidos en los que hay tierra en el fondo del estanque, las plantas de aguas profundas y los nenúfares pueden plantarse más fácilmente si se sujetan en cuadrados de arpillera, se envuelven los rizomas con un buen suelo pesado y, finalmente, se sumerge el conjunto en el lugar preciso. La raíces, al crecer, penetrarán en la arpillera y se ramificarán en los sedimentos y en el suelo que las rodea.

Plantas flotantes Contribuyen eficazmente al equilibrio del estanque, ya que proporcionan la superficie de sombra. Junto con las plantas de aguas profundas, forman un fresco refugio para los peces ornamentales en los días calurosos de verano. En efecto, reducen la intensidad de la luz bajo el agua, de modo que dificultan el crecimiento de las primitivas algas verdes decoloradoras del agua. Las plantas flotantes y las sumergidas oxigenadoras son los soportes de un buen equilibrio natural en el estanque.

Las plantas flotantes requieren poca atención especial, aunque la mayoría de jardineros sacan una pequeña parte de ellas o algunas yemas de invierno como medida de seguridad contra las heladas, para acelerar su crecimiento más tarde, en primavera. El plantado de los ejemplares flotantes consiste en tirarlos sobre la superficie del agua.

Sus compañeras en la búsqueda del equilibrio del estanque —las plantas sumergidas oxigenadoras— suelen ser tratadas del mismo modo. Pocas veces tiene éxito este procedimiento, ya que las plantas se venden casi siempre en manojos de esquejes sin raíces, atados con una cinta. Aunque parezca que tienen una vida precaria, crecen rápida-

SUPERIOR La delicada mezcla y el contraste de color del follaje forman un fondo encantador para este colorido estanque con las orillas cubiertas de césped.

DERECHA *Iris laevigata* «Variegata», una de las plantas de margen.
INFERIOR DERECHA *Hemerocallis* «Pink Prelude», una popular azucena.

mente una vez introducidas en el agua. De todos modos, es importante que dispongan de algún punto donde puedan enraizar y quedar así fijas.

En un estanque bien establecido, a menudo se acumulan suficientes restos en su fondo como para permitir que las plantas se sujeten en ellos, pero en uno de creación reciente es preferible plantar los manojos en los cestos adecuados y con un suelo de buena calidad. Es de vital importancia que la cinta que sostiene la base de los esquejes quede completamente enterrada en el suelo; de lo contrario, los esquejes se irán separando a medida que la cinta se pudra entre sus tallos. Una cubierta de gravilla es también esencial para impedir que se remueva el suelo.

1. Cuando plante el cesto, ensarte un pedazo de cordel fuerte a través de la malla en cada esquina, como muestra la ilustración.

2. Si quiere ubicar el cesto en el lugar más profundo del estanque, es posible que necesite colocarlo sobre unos ladrillos.

3. Si, una vez lleno, el cesto resulta muy pesado, necesitará ayuda para depositarlo de modo uniforme en el interior del estanque.

Plantas de margen Son plantas acuáticas que crecen en el lodo o en aguas poco profundas, cerca del borde del estanque. Se plantan mediante el mismo sistema recomendado para los nenúfares, aunque muchas veces se colocan directamente en la tierra que se ha esparcido a lo largo de la repisa marginal, en lugar de plantarlos siempre en cestos. Las plantas de margen deberían plantarse en grupos de tres o cuatro.

Plantas de ciénaga Una ciénaga de jardín se construye, en general, al lado del estanque, y da albergue a aquellas plantas que requieren ambientes húmedos, pero que no toleran el agua estancada. Algunas se cultivan tradicionalmente en las partes más húmedas de las borduras herbáceas. Todas las que se incluyen en las páginas 45-47 son perennes, y necesitan ser divididas regularmente cada tres o cuatro años, si se quiere mantener su vigor y la calidad de su floración. Todas pueden plantarse durante la estación de reposo, aunque algunas se encuentran disponibles durante todo el año en los viveros y en centros de jardinería.

MULTIPLICACIÓN DE LAS PLANTAS

El mero hecho de vivir en el agua no significa que las plantas acuáticas sean más difíciles de multiplicar que sus parientes que moran en la tierra. No necesitan condiciones especiales, y la mayoría de plantas acuáticas jóvenes pueden hacerse crecer en un recipiente casero grande o en un invernadero.

Nenúfares de ojos Es relativamente sencillo hacer crecer un nenúfar de un «ojo», aunque puede tardar dos o más años en alcanzar el tamaño de una corona con flores. Los ojos, en realidad, son puntos de crecimiento latente que se encuentran a intervalos irregulares a lo largo de las raíces rastreras de los nenúfares adultos. Si estos ojos se arrancan en el momento de dividir o replantar el ejemplar adulto, pueden enraizar y crecer hasta el tamaño de floración y aumentar así su reserva de plantas.

El período ideal de multiplicación es a finales de la primavera o principios del verano, pero puede continuarse hasta finales del verano. La mayoría de ojos han de arrancarse con ayuda de un cuchillo, pero algunos pueden separarse manualmente. La superficie de la herida debe tratarse con azufre o carbón vegetal para prevenir las infecciones fúngicas. Los ojos cortados se plantan individualmente en tiestos con un buen suelo de jardín y se introducen en un cuenco con agua. La planta adulta se puede volver a colocar en su lugar en el estanque.

Cuando los tallos de las hojas que nacen empiezan a crecer en longitud, debe elevarse el nivel del agua. Las plantas han de cambiarse progresivamente de tiesto hasta alcanzar el tamaño adecuado para ser colocadas en un cesto de plantado.

Plantas de semillas Algunos nenúfares miniatura, como el siempre popular *Nymphaea pygmaea* «Alba», deben multiplicarse por semillas. Para conseguirlo, las semillas deben ser frescas y haber sido conservadas húmedas. Es poco probable que las semillas secas germinen. Las semillas recién cosechadas se mezclan con una sustancia gelatinosa espesa de la cual es virtualmente imposible separarlas. Para evitar dañarlas, se recomienda sembrar las semillas con la gelatina. Conviene utilizar un buen suelo y el nivel del agua del cuenco sólo debe cubrir la superficie del compost.

Las primeras plántulas aparecen al cabo de un par de semanas, y parecen pequeñas hepáticas translúcidas. Durante este tiempo pueden ser dañadas por las algas filamentosas, que deben controlarse mediante el uso regular de un algicida. Cuando las plántulas dan hojas flotantes, ya son del tamaño necesario para plantarlas en bandejas al modo habitual, y finalmente pueden trasladarse a tiestos individuales.

Muchas otras plantas acuáticas pueden tratarse de modo similar, aunque algunas como *Pontederia cordata* y *Aponogeton distachyus* no deben dejarse secar y han de sembrarse frescas. Otras, como *Myosotis scorpioides* y *Alisma plantago-aquatica*, pueden almacenarse durante un tiempo tras el cual germinarán satisfactoriamente.

Plantas de esquejes Las plantas acuáticas rastreras, como *Veronica beccabunga* y *Menyanthes trifoliata*, crecen con facilidad a partir de pequeños esquejes de tallo cogidos en un momento cualquiera de la estación de crecimiento. Deben tener unos 5 cm de largo, y se han de introducir en una bandeja con lodo. Una vez que las plantas han echado raíces, se colocan individualmente en tiestos.

Plantas por división La mayoría de cañas y juncos, y también los lirios de agua y la calta palustre, pueden multiplicarse por división. En todo caso, necesitan ser aclaradas periódicamente; las plantas adultas se levantan con cuidado y se dividen del mismo modo que las plantas herbáceas perennes ordinarias: dos pequeñas horquillas encaradas dorsalmente se colocan en el centro de la mata y se separan con fuerza. Seleccione los tallos jóvenes externos más sanos para la multiplicación.

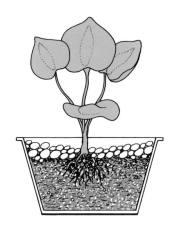

DERECHA Perspectiva de un lirio joven replantado que muestra la relación correcta de los medios de plantado.

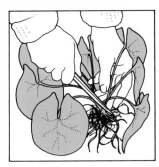

1. Las plantas excesivamente grandes, como este nenúfar, pueden dividirse con ayuda de un cuchillo bien afilado para formar más plantas.

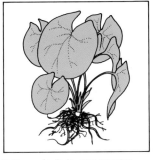

2. Después de lavar y recortar ligeramente las raíces, replante la planta madre y su vástago en cestos separados.

3. Del mismo modo que cualquier perenne, centre la planta en el cesto y asegúrela firmemente en él.

4. Después de plantar, añada una capa de guijarros de 2,5 cm de altura para que mantenga el suelo en su lugar una vez que el cesto se haya sumergido.

1. Cuando la nueva plántula salida de la hoja de un nenúfar tropical da raíces, corte un círculo a su alrededor tal como muestra la ilustración.

2. Sujete la plántula en una maceta con 10 cm de suelo. Sumérjala bajo 5 cm de agua. Trasplántela cuando eche raíces.

POBLAR CON VIDA ANIMAL

Es muy importante que todos los peces que se introduzcan en el estanque estén sanos. Los peces que viven en un estanque de jardín ocupan un ambiente que, en general, es limpio y está libre de enfermedades. La introducción de un solo pez enfermo puede diezmar rápidamente el resto de la población. Por esta causa, siempre es prudente tener en cuarentena, en una tina o en un acuario y durante un par de semanas, a los peces recién adquiridos, antes de ponerlos en el estanque.

Elección de los peces Puede confiar en que, por lo general, los peces ornamentales de estanque que nadan felices en la pecera de un establecimiento y que tienen aletas erectas y ojos brillantes gozan de buena salud. Sea precavido con los peces que nadan con lentitud o con excesiva rapidez y, siempre que sea posible, evite aquellos que han perdido algunas escamas, porque son heridas expuestas a la infección por enfermedades fúngicas.

Asimismo, es prudente transportar los peces sólo cuando las temperaturas no son muy elevadas. No los someta a un viaje hasta su casa metidos en una bolsa de polietileno, en el interior de un coche ardiente, durante un caluroso día de verano. Esto se refiere, en particular, a los orfes dorados y plateados, que requieren un nivel de oxígeno muy alto y mueren con facilidad.

No debería albergar más de 15 cm de longitud de peces (incluida la cola) por cada 0,09 m² de área superficial de estanque. Un tercio de esta cantidad sería aún mucho más adecuada (5 cm por cada 0,09 m²); propiciaría un crecimiento estable de los peces y aumentarían las posibilidades de que se reprodujeran con éxito.

El tamaño individual de cada pez no tiene importancia, sino la suma total de su longitud comparada con la cantidad total de superficie de agua. Una gran cantidad de peces pequeños es más recomendable que unos pocos ejemplares de gran tamaño. La diversidad de sus colores y formas añade un considerable interés al cuadro acuático.

Antes de poblar un estanque recién plantado deje pasar tres semanas como mínimo para que las plantas puedan establecerse. Si los peces se introducen demasiado pronto, intentan remover el compost y arrancar las plantas. Debe resistirse a las súplicas y lamentos de sus impacientes hijos, en el caso de que los tenga, si quiere que el estanque esté claro y equilibrado desde el comienzo.

Todos los peces ornamentales de estanque pueden convivir sin problemas. Sólo los recién nacidos son devorados por los adultos.

Peces de colores La mayoría de gente conoce a estos populares peces ornamentales de color rojo, anaranjado, blanco o de todas las tonalidades intermedias. Son de naturaleza resistente y capaces de alcanzar un tamaño considerable cuando disfrutan de suficiente espacio. En efecto, si a los pequeños peces de colores de una pecera se les deja en libertad en un estanque, pronto alcanzarán el tamaño de un pez adulto. Además

de los típicos peces rojos, existen variedades de cola larga llamados Cometa y otras especies transparentes, de tamaño reducido y de colores vivos, llamados Shubunkins.

Carpas La mayoría de los peces que se encuentran en los estanques de jardín pertenecen a la familia de las carpas. Los mismos peces rojos y los shubunkins provienen de una especie de carpa. Los peces que los jardineros llaman carpas incluyen muchos ejemplares ordinarios y poco recomendables, de aspecto soso, que alborotan en un estanque pequeño. Las dos únicas clases a tener en cuenta son la carpa roja china o Higoi y la japonesa Nishiki-Koi o carpa Koi. La Higoi es un pez robusto, de color rosa salmón, de cabeza roma y barbas colgantes; la carpa Koi es de forma y aspecto similares, pero tiene escamas vivamente coloreadas, a menudo con brillos metálicos.

Orfe Existe un orfe dorado y uno plateado, pero sólo se suele encontrar el prime-

ro. Es un nadador de aspecto brillante, de un color naranja rosado; al llegar a la madurez, parece una gran zanahoria nadando en el agua. Los orfes viven en bancos y, como mínimo, deben introducirse en grupos de tres o cuatro.

Incremento de los peces El hecho de que los peces empiecen a reproducirse en el estanque es señal de que todo va bien. De todos modos, para el jardinero es una época de preocupación porque, nadando en el agua, se encuentran muchos pececillos que cada día son devorados. El impulso de salvar a cada uno de ellos es muy fuerte, pero debe retenerse: en la evolución natural, las crías débiles y de menor tamaño proporcionan alimento a los otros habitantes del estanque. Por lo general, se salvan suficientes crías como para llegar a ser peces jóvenes y, más tarde, ocupar un lugar entre sus padres, en la vida azarosa del estanque. En realidad, y gracias al buen equilibrio natural del agua, el propietario del estanque verá aumentar cada año el número de sus peces jóvenes sin necesidad de ayudarles.

IZQUIERDA Un estanque con peces de colores.
SUPERIOR La carpa *Koi*, reina del estanque.

DERECHA A los orfes dorados, brillantes nadadores de superficie, les gusta vivir en grupo.

La mayoría de jardineros, sin embargo, consideran que la cría de peces forma parte del cuidado total del estanque. Al principio seleccionan parejas de peces de cría y se aseguran de que haya suficiente vegetación bajo el agua para depositar la freza.

La época de cría dura desde finales de la primavera hasta finales del verano y depende, principalmente, de la intensidad de la luz y de la temperatura del agua en la que el pez va a frezar. La mayoría de peces rojos son capaces de reproducirse a partir de los dos años, aunque cualquier ejemplar de 8 cm o más de longitud debería ser sexualmente activo.

A pesar de que la mayor parte de los peces del estanque sean de la familia de la carpa, no todos se reproducirán con la misma facilidad. Cada uno se apareja con otro semejante a él, aunque, en algunas ocasiones, se cruzan verdaderas carpas con los peces rojos. Los peces machos pueden diferenciarse de las hembras por la forma de su cuerpo, más esbelto, y por poseer, durante la época de apareamiento, tubérculos nupciales en las branquias y en la cabeza: diminutas manchas blancas que en invierno desaparecen por completo.

Desove o freza La fecundación de los peces se realiza en el agua: la hembra es perseguida por un macho que la rozará y colisionará contra ella para hacerla desovar. Cuando haya frezado, el macho depositará su lecha o líquido espermático sobre los huevos y, con algo de suerte, se realizará la fecundación.

Cuando se observe esto, la freza y las plantas donde ésta se encuentre deben trasladarse a un jarro con agua del estanque. Puesto que esta agua tendrá la misma composición química y temperatura, no habrá problemas para los alevines (pececillos jóvenes recién nacidos). Si lo prefiere, la freza puede probar suerte entre los hambrientos adultos; algunos jóvenes sobrevivirán. Si se sacan los alevines del estanque, se asegura un mayor porcentaje de producción de pececillos.

Cuidado de los alevines Si la freza sacada del estanque se pone en un lugar fresco a temperatura uniforme, podrá verse cómo se desarrolla al cabo de dos o tres días. Los pequeños alevines son difíciles de ver; parecen diminutos alfileres transparentes adheridos al follaje de las plantas sumergidas. Dos o tres semanas después ya tienen aspecto de peces, unas veces transparentes, otras oscuros; pero alcanzarán, si llegan a esa edad, su coloración de adulto.

A veces, los peces rojos conservan su color oscuro durante varios años y luego, súbitamente, cambian de color. Esta demora en el cambio de coloración se relaciona con la temperatura del agua en el momento de la freza. Cuanto más baja es la temperatura en el momento del desove, más tiempo tardarán las crías en alcanzar su coloración de adulto.

Los alevines que viven libremente en el estanque encuentran alimento con facilidad, pero en el ambiente estéril de un jarrón grande no tienen tantas posibilidades. Existe alimento para peces recién nacidos, envasado en tubos semejantes a los de la pasta dentífrica, pero puede fabricarse un alimento tan bueno como aquél con revoltillo de huevos. La cría en el recipiente debe continuar hasta que los alevines alcancen 2,5 cm de largo; entonces pueden ponerse de nuevo en el estanque sin peligro.

Peces basureros y caracoles Existe la errónea y común idea entre los jardineros de que un estanque no funcionará satisfactoriamente sin basureros ni caracoles. La base de esta idea es que mucha gente cree que los basureros son aspiradores vivientes y que, por lo tanto, succionarán y devorarán lodo, restos orgánicos y todos los desechos acumulados en el fondo del estanque. Lo que hacen, en realidad, es devorar el alimento que los peces rojos no han comido; alimento que, si se deja acumular en el fondo del estanque, criará hongos que polucionarán el agua. Los caracoles se alimentan, hasta cierto punto, de estos detritus, pero se incluyen en el estanque para que coman las algas, en particular las filamentosas que penden de las plantas sumergidas oxigenadoras y de los cestos de plantado acuático.

Bagres y tencas Estos peces basureros pasan su vida en el fondo del estanque, donde recogen los desechos de materia orgánica. Las dos especies son capaces de realizar esta tarea, motivo de disputas, pero los bagres son, además, belicosos y carnívoros. Esto significa que, a medida que crecen, aumentan las posibilidades de que devoren otros peces, en especial los decorativos, que nadan con más lentitud, y toda clase de alevines. Además, y dado que pasan la mayor parte de su vida en las ocultas profundidades, resulta casi imposible atraparlos y sacarlos una vez que se han

introducido en el estanque, a menos que esté dispuesto a vaciarlo casi por completo.

Las tencas, por el contrario, son peces mucho más mansos y majestuosos. Una vez en el estanque, son también invisibles; pero no atacarán a sus compañeros de residencia. Las tencas son peces brillantes, de color verde grisáceo, de cuerpo liso y mucoso. Existe una variedad dorada, tres veces más cara que la tenca común, pero es absurdo comprarla porque es poco probable que se deje ver. El lugar más adecuado para la tenca dorada es un acuario de agua fría, donde puede contemplarse sin dificultad.

Caracoles de agua dulce Existen muchas clases distintas de caracoles acuáticos apropiados para el estanque, pero sólo puede contarse con el cuernos de carnero, que limita su actividad a pacer entre las algas. El buccino común, que con frecuencia se ofrece rebajado en los centros de jardinería, comerá las algas, pero pronto descubrirá que, además, es aficionado al follaje de los nenúfares.

La tenca (izquierda) y el bagre (superior) son limpiadores útiles que mantendrán el estanque libre de restos indeseables, aunque la primera es menos aficionada a importunar.

El cuernos de carnero es un personaje característico que arrastra verticalmente sobre su espalda una concha redonda y plana como una rueda catalina. Puede tener el cuerpo negro, rojo o blanco, pero todos son igualmente útiles. El buccino tiene una concha espiral larga y el cuerpo grisáceo.

Ambos caracoles suelen ser introducidos involuntariamente en el estanque, ya que sus huevos están adheridos al follaje de las plantas acuáticas. Los huevos del útil cuernos de carnero forman una almohadilla de gelatina que acostumbra a verse pegada bajo las hojas flotantes de las plantas de profundidad y de los nenúfares. Los huevos del buccino de agua dulce forman un pequeño cilindro de gelatina, semejante a un puro, que puede estar pegado a cualquier parte de la planta. Si en el momento de plantar se elimina este tipo de caracol, se evitarán, después, muchos problemas.

Bivalvos de agua dulce Existen dos clases de bivalvos de agua dulce (náyades) que, en general, se encuentran en las tiendas especializadas. Ambas son igualmente útiles en un estanque bien establecido, donde existe una acumulación de restos en el fondo. La náyade blanca tiene una concha verde parduzca y el cuerpo blanco y carnoso; la náyade de color posee una concha amarillenta con características rayas pardas. Ambas aspiran el agua, retienen las algas y sueltan el agua limpia.

Ranas, sapos y tritones Alguno de estos animales, o a veces todos, puede residir en el estanque. Son insectívoros y benefician considerablemente al jardinero, ya que se alimentan no sólo de las plagas de insectos acuáticos, sino también de muchas otras plagas comunes del jardín.

Todos se reproducen dejando su freza en el agua. Los tritones disimulan su puesta astutamente, pero la de las ranas y los sapos es bien visible. Los renacuajos, tras su curioso desarrollo, llegarán a adultos, y entonces el estanque se convertirá en el último refugio de muchas especies. Ninguno de ellos es perjudicial para la vida en el estanque y, en cambio, tanto la puesta como los renacuajos son considerados un manjar exquisito por muchos peces.

SUPERIOR Rana común, la amiga de los jardineros.
DERECHA Los huevos de la rana son un manjar para los peces hambrientos.

PROBLEMAS DEL ESTANQUE

Además de las enfermedades y plagas que afectan tanto a los peces como a las plantas, que se describen en la página 35, pueden surgir muchos otros problemas que necesitarán una acción inmediata para controlarlos antes de que puedan causar daños graves.

Agua verde Cuando el estanque toma un color verde parecido al de un puré de guisantes, por lo general se debe a un exceso de luz solar sobre el agua, combinado con una gran abundancia de sales minerales en disolución. Estos dos factores favorecen la proliferación de grandes cantidades de algas microscópicas, que flotan en el agua como densas nubes de polvo acuático. Esta situación sólo puede solucionarse definitivamente plantando los ejemplares adecuados en la proporción correcta.

Incluso así, el fenómeno puede reaparecer temporalmente en primavera, cuando el sol luce esplendoroso y las plantas superiores no tienen aún el suficiente vigor como para competir por las sales minerales del agua. La competencia que ofre-cen las plantas sumergidas oxigenadoras y la sombra del follaje flotante de las plantas de aguas profundas y de las flotadoras son la única cura definitiva, a pesar de que los algicidas a base de permanganato de potasio aclararán el estanque durante un corto período. Este tratamiento, sin embargo, no debe efectuarse durante un tiempo cálido, porque el agua se tornaría amarilla.

Las algas filamentosas son un caso distinto. Se conocen por diferentes nombres, como hebras, lienzos o franelas, y flotan libremente sobre el estanque en forma de gruesas almohadillas o se enredan entre ellas.

La lenteja de agua, una auténtica ruina para el estanque. ¡No permita que se propague!

El único modo de acabar con estas algas es sacándolas con la mano, aunque las sumergidas oxigenadoras y las flotadoras ayudarán a impedir que formen una plaga grave. Los algicidas a base de sulfato de cobre matarán las algas, pero es necesario eliminar sus restos muertos; de lo contrario, también polucionarán el agua al descomponerse.

Agua turbia No es un agua verde, sino parda o azul y, a menudo, putrefacta. El agua parda es consecuencia de la acción de los peces, que hurgan en la tierra de los cestos de plantado. Esto sucede con frecuencia cuando se introducen peces en un estanque antes de que las plantas hayan tenido tiempo de establecerse. Los peces las suelen arrancar de sus recipientes, con lo cual la tierra se derrama y se esparce en el agua. Puede llegar a resultar inútil poner una capa de grava sobre la superficie de cada cesto. Los suelos ligeros a menudo son arrastrados a través de las mallas de los lados de los cestos, de modo que forman una nube polvorienta. Para evitarlo, plante siempre en cestos forrados de arpillera; retendrá el suelo pero permitirá que salgan las raíces.

El agua negro-azulada, a menudo con una película oleosa o una desagradable espuma blanca en la superficie, se asocia, en general, con la descomposición de restos de materia orgánica. En la mayoría de los casos procederá de un pez o un mejillón. Un solo individuo no suele causar grandes problemas; por lo tanto, cuando esta situación se presenta, es porque algo funciona realmente mal, y el estanque debe limpiarse lo más pronto posible para descubrir la causa. Las paredes del estanque deben fregarse, y sería muy conveniente que se dejase secar el fondo y que el estanque permaneciese vacío durante varios días. Todas las plantas sanas pueden volver a colocarse en el estanque, pero antes se deben aclarar bien.

Gatos y garzas reales Los propietarios de estanques que viven en áreas residenciales densas no se libran, necesariamente, de la presencia de la garza real. Parece que nada escapa a la atenta mirada de este magnífico pájaro. Cuando la desaparición de los peces del estanque resulte inexplicable, es probablemente el resultado de la traviesa pesca de una garza real.

Las garzas reales se ven rara vez, porque llegan al amanecer, atrapan su presa con cautela y desaparecen antes de que el jardinero se despierte. Pescan desde el borde del estanque, donde se mantienen al acecho hasta que aparece un pez y, entonces, rápidamente, se abalanzan sobre él como un dardo. Todos los peces, sean de la medida que sean, son igualmente vulnerables; sin embargo, los grandes peces de colores son la presa favorita.

Los centros de jardinería venden redes para colocar sobre el estanque pero, a pesar de su indiscutible efectividad, no son cómodas. Las plantas crecen a través de la red y dificultan el mantenimiento general del estanque. El método de control más sencillo y barato es colocar una serie de cañas cortas, de 15 cm de altura, a las que se ata un cordel negro de jardinería o hilo de pescar para crear el efecto de una valla de poca altura. Las garzas reales entran en el agua cuando pescan y, al notar el hilo contra sus patas, no avanzan más. Después de varios intentos, y tras chocar repetidamente contra la invisible barrera, desisten de su empeño y se marchan a otra parte.

La presencia de gatos no se puede combatir con tanta facilidad; todo lo que puede hacer es asegurarse de que el pavimento del borde del estanque tenga la pendiente suficiente como para permitir que un pez, que se encuentre bajo él, pase desapercibido.

PLAGAS Y ENFERMEDADES

Existen varias plagas y enfermedades que atacan las plantas acuáticas. No hay ninguna que cause problemas realmente serios, excepto la podredumbre de las raíces del nenúfar, pero la mayoría afean las plantas y afectan a su productividad. La higiene del estanque y de todo el jardín, en general, ayuda a controlar algunas de las más dañinas. Este control es de suma importancia, ya que un estanque con peces decorativos no puede ser tratado con fungicidas ni insecticidas.

Pulgón del nenúfar El verdadero pulgón del nenúfar es muy molesto, pero si se pulveriza con una manguera caerá dentro del agua y podrá ser atrapado por los peces. El pulverizado invernal con el carbolíneo utilizado para tratar los ciruelos y cerezos eliminará la población posterior.

Frigáneas Sus larvas se alimentan de las hojas, los tallos, las raíces y las flores de las plantas acuáticas. Dado que recolectan materias vegetales que juntan con arena, palitos y otros restos para formar diminutas fundas protectoras, es imposible luchar contra ellas con pulverizaciones aunque no haya peces en el estanque. De todos modos, si el estanque está bien surtido de peces, el nivel de población se mantendrá bajo.

Abigarrado de las hojas del nenúfar Existen dos variedades de abigarrado del nenúfar; ninguno es grave, aunque restan mucho atractivo. Pueden controlarse si se eliminan y se queman regularmente las hojas atacadas.

Podredumbre de las raíces del nenúfar Enfermedad grave que puede acabar con los nenúfares del estanque. No se puede curar; hay que destruir nenúfares atacados y tirar el compost donde crecían.

PLAGAS Y ENFERMEDADES DE LOS PECES

Si se tiene cuidado al introducir cada nuevo surtido de peces, aparecerán pocas plagas y enfermedades en un estanque bien mantenido. De todos modos, pueden presentarse problemas como los que a continuación se describen.

Hongos Las enfermedades fúngicas, en general, atacan a los peces en las aletas y en las branquias.

Hasta hace poco, el único remedio seguro que existía para los aficionados a la cría de peces era la sal marina. Es un remedio efectivo, pero se necesita mucho tiempo para que se manifieste su resultado. En la actualidad, es posible obtener tratamientos fúngicos a base de verde de malaquita o azul de metileno. El paciente se sumerge en una de estas soluciones durante un breve espacio de tiempo y luego se devuelve al estanque.

La putrefacción de las aletas o de la cola son problemas similares. En aquellos casos en que la enfermedad no ha avanzado hasta la carne del pez, las partes gravemente dañadas y destrozadas se pueden recortar con unas tijeras. Es imprescindible un tratamiento fúngico.

Punto blanco Enfermedad parásita muy común que produce un gran número de manchas blancas por todo el cuerpo del pez. Estas manchas no deben confundirse con los tubérculos nupciales blancos de los machos adultos. Estos tubérculos sólo salen en los opérculos, la parte superior de la cabeza y cerca de las aletas pectorales.

Los peces que presentan los primeros síntomas de la enfermedad pueden curarse con un tratamiento a base de sales de quinina.

Un jardín acuático ya establecido necesita poco mantenimiento para conservarse en buen estado. Aunque requiera poco trabajo, es muy importante que se efectúe de modo regular y en el momento adecuado. El jardín acuático es un ambiente vulnerable que necesita ser vigilado constantemente.

Primavera y verano La mayoría de plantas acuáticas necesitan ser alimentadas con regularidad. Esto no se puede hacer de cualquier modo; debe tener en cuenta que, una vez que el alimento vegetal se esparce en el estanque, servirá de sustento a las algas verdes decoloradoras.

Existen fertilizantes específicos para las plantas acuáticas. Se venden en bolsitas de plástico perforado que pueden introducirse en los cestos, al lado de cada planta. De este modo, el fertilizante se libera donde es necesario y no en el agua.

También es posible utilizar «píldoras» de harina de huesos, que son pequeñas bolas de barro mezclado con huesos en polvo. También se introducen en los cestos, igual que las bolsitas.

Después de un cierto tiempo, la mayoría de plantas acuáticas necesitan ser arrancadas y divididas. Esta operación se suele llevar a cabo al tercer o cuarto año de haber sido plantadas. La época ideal para realizar este trabajo es a principios de la primavera, cuando las plantas empiezan a crecer de nuevo. Si se demora el trabajo hasta mediados del verano, las plantas divididas tendrán un aspecto triste y restarán encanto al conjunto.

Dividir las plantas es un modo natural de aumentar su número para utilizarlas en otro lugar del estanque o regalarlas a los amigos. Al arrancar y dividir los nenúfares, también se pueden sacar los «ojos» o yemas y pequeños esquejes de tallo para multiplicarlos (véase también pág. 26).

Alimentar a los peces es una ocupa-

ción de verano. Resulta muy agradable aunque, en general, no es necesario hacerlo en un estanque bien establecido y equilibrado. Sin embargo, los peces recién instalados en un estanque nuevo se alegrarán de tener algo de alimento fácil de obtener. Muchos propietarios de estanques se divierten alimentando a los peces y, aunque no hay ninguna razón de peso para suministrar alimento artificial, los peces no se quejarán de esta fácil recolecta y el propietario disfrutará viéndolos comer. Procure no dar más alimento del que puedan devorar tranqui-

lamente en veinte minutos, porque los restos que caen al fondo pueden producir problemas de contaminación.

Otoño e invierno Los nenúfares y otras plantas de profundidad pueden dejarse morir de modo natural en otoño, pero algunas plantas acuáticas necesitan ser arregladas como las herbáceas. Tan pronto como las plantas de margen hayan terminado su floración, elimine todas las hojas muertas o moribundas, con cuidado de no cortar las variedades de tallo hueco por debajo del nivel del agua. Aunque adaptadas a un ambiente acuático, estas plantas morirían si sus tallos se llenasen de agua.

La mayoría de plantas flotantes desaparecen en invierno, y forman yemas de invierno que se dejan caer hasta el fondo del estanque. Reaparecen en primavera cuando el agua empieza a caldearse con

el sol. Puesto que las algas pueden invadir rápidamente la charca durante los primeros días soleados de primavera, es conveniente sacar algunas yemas antes de que caigan al fondo del estanque y colocarlas en una jarra de agua con una capa de arena en el fondo. Si se mantienen al abrigo de las heladas, a principios de la primavera pueden sacarse al sol para que crezcan. Cuando las primeras algas invadan el estanque, las plantas ya tendrán el tamaño suficiente para dar sombra al agua.

La mayoría de los peces más populares de agua fría toleran nuestros inviernos sin muchos problemas. El criador prudente asegurará la buena salud de sus peces, antes de que empiecen su inevitable letargo, proporcionándoles, a principios del otoño, abundante alimento rico en proteínas, como dafnias y moscas deshidratadas.

Siempre que en algún lugar del estanque exista una profundidad mínima de 45 cm, la mayoría de peces sobrevivirán al invierno sin necesidad de ayuda, a menos que la charca se hiele durante mucho tiempo. No es el frío prolongado la causa de los problemas, sino el hielo, que retiene los gases nocivos que, a su vez, asfixian a los peces.

Si durante el verano se coloca un surtidor en el estanque, para los meses de invierno puede conectarse, en su lugar, un calentador. Es de funcionamiento muy económico, y consta de una barra de cobre con una resistencia en su interior, unida a un flotador de poliestireno.

Una alternativa consiste en mantener un boquete abierto en el hielo mediante la colocación de un cazo con agua hirviendo en su superficie. Es un proceso largo y tedioso, pero mil veces preferible al de golpear el hielo con un instrumento punzante con la esperanza de hacer un agujero. Las ondas de choque creadas mediante este sistema pueden matar o conmocionar a los peces.

SESENTA DE LAS MEJORES PLANTAS

Existen varios tipos de plantas que deberán cultivarse juntas si el jardinero quiere lograr un estanque bello y mantener el importante equilibrio natural en el ambiente acuático. Las cifras señaladas bajo los nenúfares y las acuáticas de aguas profundas se refieren a la profundidad del agua en la que puede desarrollarse con éxito cada cultivar. Las cifras restantes se refieren a la altura.

Hemerocallis «Torpoint»

NENÚFARES-*NYMPHAEA*

«**Froebeli**». Flores rojo oscuro, con estambres de color naranja y hojas púrpura pálido. Floración abundante. 45-60 cm.

«**Gonnere**». Flores dobles, globulares y blancas, con notables sépalos verdes. A veces se vende con el nombre de «Crystal White». 45-75 cm.

«**Graziella**». Flores de color rojo anaranjado que se vuelven rojas al envejecer. Hojas verde aceituna con manchas de color púpura y marrón. 30-60 cm.

«**James Brydon**». Flores grandes de color carmesí, en forma de peonía, que flotan entre las oscuras hojas verde purpúreas, a menudo salpicadas de marrón. 45-90 cm.

laydekeri
«**Fulgens**». Flores aromáticas, de un vivo color carmesí, con estambres rojizos. Hojas verde oscuro con envés purpúreo. 30-60 cm.

laydekeri
«**Purpurata**». Gran abundancia de flores de color rojo vino entre pequeñas hojas verde oscuro de envés purpúreo. 30-60 cm.

marliacea
«**Albida**». Flores grandes, blancas y aromáticas, con centro dorado. Los sépalos y la parte posterior de los pétalos tienen, a menudo, un ligero tinte rosado. Hojas verde oscuro con envés purpúreo. 45-90 cm.

marliacea
«**Carnea**». Cultivar rosado, de crecimiento fuerte, con frecuencia llamado «Morning Glory». Las flores de las plantas recién establecidas son, a menudo, blancas durante los primeros meses. Olor a vainilla. 45 cm-1,5 m.

marliacea «Carnea»

marliacea
«**Chromatella**». Cultivar antiguo y popular. Grandes flores de color amarillo pálido que salen entre el follaje moteado. 45-75 cm.

marliacea «Chromatella»

«Gonnere»

«Mrs. Richmond». Hermosas flores de color rosa pálido que se tornan carmesí al envejecer. Estambres grandes y llamativos. Hojas verde uniforme. 45-75 cm.

odorata minor
Espléndida variedad miniatura, de aromáticas flores estrelladas y hojas verde claro. Ideal para tinas, piletas y estanques poco profundos. 30 cm.

«Rose Arey»

«Mrs. Richmond»

pygmaea «Alba»

odorata
«Sulphurea». Popular cultivar de color amarillo canario con follaje verde oscuro densamente moteado. Flores estrelladas y ligeramente aromáticas. 45-60 cm.

pygmaea
«Alba». La variedad blanca más pequeña que existe. Hojas pequeñas, de color verde intenso. 30 cm.

pygmaea
«Helvola». Bellas flores de color amarillo canario con estambres de color naranja que se abren durante todo el verano. Follaje verde oliva, densamente moteado de púrpura y marrón. 30 cm.

«Rose Arey». Flores estrelladas, muy abiertas, con una protuberancia central de dorados estambres y un perfume anisado muy intenso. 45-75 cm.

ACUÁTICAS DE AGUAS PROFUNDAS

Aponogeton distachyus
Espino acuático. Una de las plantas cultivables más adaptables. Hojas flotantes verdes, pequeñas, más o menos oblongas, y flores ahorquilladas, de un blanco puro, con característicos estambres negros. Fuerte aroma a vainilla. Primavera y verano. 30-90 cm.

Nymphoides peltata
Ninfoides. Conocida por muchas generaciones de jardineros como *Villarsia nymphoides*. Parece un pequeño lirio acuático con diminutas hojas circulares verdes y delicadas flores de borde amarillo. Verano. 30-75 cm.

Orontium aquaticum
Algunos jardineros la cultivan como planta de margen, puesto que es un ejemplar muy adaptable. Posee un bello follaje flotante, lanceolado y glauco, y unas erectas espigas de flores blancas y doradas que sobresalen por encima de la superficie del agua. Finales de la primavera y principios del verano. 30-75 cm.

PLANTAS FLOTANTES

Azolla caroliniana
Azola. Este pequeño representante de la familia de los helechos tiene frondes flotantes de color verde intenso. Cuando es joven o crece en la sombra, las frondes son verdes; al acercarse el invierno o si crece a pleno sol, se tornan rojas.

Hydrocharis morsus-ranae
Hidrocaris de las ranas. Es bastante parecida a un nenúfar por sus diminutas hojas flotantes arriñonadas dispuestas en roseta. Flores con tres pétalos; salen durante el verano.

Stratiotes aloides
Pita de agua. Grandes rosetas puntiagudas de hojas verde broncíneo muy parecidas al plumero de una piña. A finales del verano da flores de color blanco o rosado semejantes a papel. Se multiplica por sí sola a partir de los estolones. Los nuevos individuos pueden arrancarse y formarán una nueva colonia.

Trapa natans
Castaña de agua, abrojo de agua. Rosetas de hojas romboidales de color verde oscuro con flores axilares blanco cremoso. Botánicamente es una planta anual, porque cada año surge de nuevo de las espinosas castañas. Éstas caen cada otoño al fondo del estanque, cada vez en mayor número; germinan y vuelven a aparecer en la superficie a finales de la primavera. Muchos jardineros recogen algunas castañas a principios del otoño y las guardan en una jarra de agua con una capa de suelo en el fondo, o bien, cubiertas de esfagno húmedo, al abrigo de las heladas. Así pueden empezar a crecer antes y ayudar en la batalla anual contra las algas que aparecen a principios del verano.

Orontium aquaticum

PLANTAS SUMERGIDAS OXIGENADORAS

Ceratophyllum demersum
Ceratófila común. Una planta excelente para lugares fríos y sombreados. Hojas muy estrechas, pilosas, de color verde oscuro, dispuestas en verticilos densos; forman una yema que se conserva todo el invierno.

Elodea canadensis
Elodea de Canadá. Planta sumergida excelente, vigorosa, que necesita ser controlada en las grandes extensiones de agua. En el estanque no suele crear problemas. Tallos arbustivos densos y hojas de color verde oscuro verticiladas.

Hottonia palustris
Violeta de agua. Grandes verticilos de hojas divididas, de color verde lima, que llevan prominentes espigas de flores de color lila o blanco a principios del verano.

Lagarosiphon major
Elodea rizada, llamada también *Elodea crispa*. Es, probablemente, la más cultivada de las plantas sumergidas. Esta planta de hojas de color verde oscuro, rizadas, se vende en abundancia en las tiendas de animales para colocar en las peceras con peces rojos. Además de ser una eficaz oxigenadora, es más o menos perenne, por lo que en primavera puede empezar a crecer y actuar antes, cuando es más probable que haya algas en el agua.

Myriophyllum spicatum
Filigrana. Pequeñas flores carmesí en los extremos del tierno follaje plumoso verde grisáceo. Un ambiente de freza ideal para la puesta del carpín.

Potamogeton crispus
Espiga de agua serrada. Bello follaje semejante a un alga marina de color verde broncíneo. Translúcido, de bordes arru-

gados, con cortas espigas de flores de color carmesí y crema, relativamente pequeñas.

Ranunculus aquatilis
Hierba lagunera, ranúnculo acuático. Hojas sumergidas profundamente divididas y hojas flotantes en forma de trébol. A principios del verano, éstas sostienen diminutas flores doradas y blancas.

PLANTAS DE MARGEN

Acorus calamus
Cálamo aromático, ácoro verdadero. Planta de hojas verdes semejante a un iris. El abigarrado cultivar «Variegatus» tiene el follaje listado de color rosa y crema. 45-75 cm.

Butomus umbellatus
Junco florido. Umbelas de flores de color rosa entre el curioso follaje retorcido y

Acorus calamus «Variegatus»

trigonal semejante a un junco. Finales del verano. 45-90 cm.

Calla palustris
Cala de los pantanos. Pequeña planta trepadora semejante a un aro enano. Espatas de un blanco puro seguidas de jugosas bayas rojas. Primavera. 23-30 cm.

Caltha palustris «Flore-pleno»

Glyceria aquatica «Variegata»

Cyperus longus

Cyperus longus
Juncia loca, juncia larga. Una resistente variedad de la popular juncia de interior, *Cyperus alternifolius*. Rígidas umbelas terminales de hojas puntiagudas que irradian del tallo como las varillas de un paraguas. Excelente para colonizar los suelos húmedos que rodean el estanque.

Eriophorum angustifolium
Junco lanudo. A pesar de que existe un gran número de especies distintas de *Eriophorum*, en general sólo se cultiva ésta. Planta característica de los páramos pantanosos, amante de la acidez; tiene hojas semejantes a las de la hierba y unas características cabezuelas algodonosas con semillas. Verano. 30-60 cm.

Glyceria aquatica
«Variegata». Esteba acuática variegada. Hojas veteadas de color verde y crema, tintadas de rosa a principios de la primavera. 75-90 cm.

Caltha palustris
Hierba centella, hierba del rosario. A principios de la primavera produce una abundante floración dorada sobre el bello follaje de color verde oscuro. *Caltha p.* «Alba» es blanca, y el cultivar «Flore-pleno» tiene flores dobles de color amarillo dorado. Primavera. 30-75 cm.

Iris laevigata
Iris. Bello iris acuático azul que ha dado origen a muchos cultivares espléndidos: «Snowdrift» es completamente blanco; «Colchesteri», púrpura y blanco, y «Rose Queen» tiene un ligero tinte rosado. Verano. 60 cm.

Juncus effusus
«Spiralis». Un junco más curioso que bonito. Sus retorcidos tallos son de color verde oscuro. 45 cm.

Lysichitum americanum
En primavera, antes de que aparezcan las hojas, da grandes flores amarillas semejantes a un aro. Sus enormes hojas recuerdan a las de la col. Una especie algo más reducida, *L. camschatcense*, tiene las espatas blancas. 90 cm-1,2 m.

Mentha aquatica
Menta acuática. Variedad reptante muy aromática de la menta común de jardín. Hojas pilosas, con tinte purpúreo y verticilos de flores de color lila rosado. Finales del verano. 35-45 cm.

Menyanthes trifoliata
Trébol de agua. Flores blancas, de bordes finamente divididos y follaje verde oscuro semejante al de una gran judía. Finales de la primavera. 30 cm.

Myosotis scorpioides
Raspilla palustre. Similar al primaveral nomeolvides, pero perenne. El cultivar «Semperflorens» es aun más bello. Finales de la primavera y principios del verano. 23-30 cm.

Pontederia cordata
Pontederia de hojas cordiformes. Una espléndida planta acuática que florece a finales del verano. Bellas hojas brillantes verdes y espigas de flores de color azul pálido. 60-90 cm.

Sagittaria japonica
Saetilla. Hojas en forma de flecha de color verde brillante y espigas de flores blancas. La forma doble «Plena» tiene unas flores que parecen diminutas borlas de maquillaje. Verano. 60 cm.

Scirpus lacustris
Junco lacustre. Tallos puntiagudos de color verde oscuro y borlas de flores parduzcas. La variedad «Albescens» tiene los tallos de un color blanco azufroso, mientras que el junco zebrino, S. «Zebrinus», tiene franjas de colores verde y crema. 60-90 cm.

Menyanthes trifoliata

Juncus effusus «Spiralis»

Pontederia cordata

Typha angustifolia
Espadaña. Hojas estrechas de color azul verdoso y cabezuelas gruesas de color marrón. *T. laxmannii* presenta proporciones modestas (60 cm-1,2 m), mientras que *T. minima* es una auténtica enana (30 cm). Finales de verano.

Verónica beccabunga
Hierba azul. Una auténtica planta acuática. Follaje de hoja perenne excelente para ocultar los puntos poco atractivos del estanque. Presenta pequeñas flores de color azul. Verano. 15-30 cm.

PLANTAS DE CIÉNAGA DE JARDÍN

Astilbe arendsii
Antiguamente conocida como espirea. Este grupo incluye muchos cultivares buenos y famosos en un amplio surtido de colores. Posee penachos de diminutas flores sobre un follaje denso y profundamente recortado. «Red Sentinel», «Rose Perle» y el blanco enano «Irrlicht» son buenos cultivares. Verano. 60-90 cm.

Cardamine pratensis
Mastuerzo de prado, berza de prado. Planta de borde que florece en primavera, con flores individuales de color lila rosado y grupos de hojas verde pálido semejantes a las de los helechos. 30 cm.

Astilbe arendsii

Cardamine pratensis flore-pleno

Gunnera manicata
Esta impresionante planta semejante al ruibarbo alcanza unas proporciones considerables, por lo que sólo resulta adecuada para un gran jardín pantanoso. Su rizoma es una enorme masa escamosa que necesita protegerse con hojas caídas o con paja durante el invierno. La enorme inflorescencia pilosa parece un escobillón inmenso. Una de las plantas más imponentes si se dispone de suficiente espacio. 2-2,5 m.

Hemerocallis Hybrids
Azucena. Todos los buenos cultivares de *Hemerocallis* prefieren una humedad constante, aunque sobrevivirán en el ambiente más seco del borde del estanque. Existe una cantidad innumerable de variedades de estas encantadoras perennes, entre ellas «Golden Chimes», «Pink Charm» y «Margaret Perry», de vivo color naranja. Las azucenas dan flores en forma de trompeta o de embudo. Cada una dura un solo día, pero producen tantas que son una exhibición constante durante todo el verano. 30-90 cm.

Hosta fortunei
Los jardineros que disponen de mucho espacio deberían cultivar esta majestuosa especie de lirio de grandes hojas. Además de la bella forma de sus hojas de color verde pálido, deleita con sus contrastantes espigas de hermosas flores de color lila en forma de embudo. Verano. 30-45 cm.

Hosta fortunei «Aurea»

Hemerocallis «Burning Daylight»

Primula florindae

Iris kaempferi
Iris sp. Fuertes manojos de hojas herbosas anchas, con grandes flores vivamente coloreadas semejantes a las de una clemátide. Existen muchas variedades conocidas, pero los cruces de la especie Higo son los que dan las flores más espectaculares. Necesitan un suelo ácido. Verano. 60-75 cm.

Iris sibirica
Lirio siberiano. Lirio de cultivo fácil, con matas de follaje herbáceo y flores atractivas, aunque menos espectaculares. No es exigente en cuanto al suelo, y florecerá tanto en ambientes húmedos como en los que estén ligeramente empapados. Existen muchos cultivares, pero el más conocido es «Perry's Blue». Verano. 60-75 cm.

Lobelia fulgens
Una lobelia perenne, de follaje lanceolado, de un intenso y encantador tono remolacha, coronado por penachos de flores de un vivo color escarlata. Los híbridos de esta lobelia y de *L. cardinalis*, más delicada, incluyen «Queen Victoria», roja; «Huntsman», escarlata, y «Mrs Humbert», rosa carne. Verano. 60-90 cm.

Lythrum salicaria
Arroyuela común. Muchos jardineros conocen esta arroyuela de vistosos penachos de flores de color rosa púrpura, pero existen muchas variedades de jardín mejoradas que añaden color a la ciénaga. «The Beacon» es púrpura, «Lady Sackville» rosa y «Robert» rosa pálido. Todas florecen desde mediados hasta finales del verano. 75 cm-1 m.

Peltiphyllum peltatum
Aunque no lo parezca, esta maravillosa planta es una pariente próxima de las saxífragas. A principios de la primavera, antes de que salgan las hojas, produce densas cabezas de diminutas flores rosas sobre sólidos tallos. Las hojas que los reemplazan son grandes y redondeadas, en forma de paraguas, de color verde broncíneo, y se sostienen mediante un sólido tallo central. 90 cm-1,2 m.

Primula
Primavera. Existe un sinfín de primaveras que pueden cultivarse en el ambiente de la ciénaga. Comprenden la mayoría de especies que florecen a finales de la primavera y en verano, y sus híbridos. Entre ellos se encuentran las rojas *P. japonica* (60 cm) y *P. pulverulenta* (75 cm), la anaranjada *P. chungensis* (30 cm), la púrpura rosada *P. beesiana* (60 cm), y la amarilla *P. helodoxa* (90 cm). Otras clases de buenas prímulas son *P. denticulata* (30-45 cm), que florece a principios de la primavera; *P. florindae* (90 cm); y la diminuta *P. rosea* (15 cm).

Rheum palmatum
Ruibarbo palmeado. Es uno de los ruibarbos decorativos más inspirador, con su follaje bien extendido y las espigas de flores de color blanco cremoso de casi 2 m de altura. La variedad *tanguticum* tiene hojas divididas y flores de color carmesí, mientras que «Bowles Crimson» tiene hojas de una tonalidad rojo púrpura oscuro. 90 cm-1,2 m.

Trollius europaeus
Flor de San Pallari. Plantas ranunculáceas con flores globulares de distintos tonos naranja, crema y amarillo. Las hojas son grandes, de color verde oscuro y parecidas a las del ranúnculo común; forman un montículo basal del que emergen los nervudos tallos que sostienen las cerúleas flores globulares. Existen muchas clases, pero «Orange Crest» y «Golden Queen» se encuentran entre las mejores. Finales de la primavera y principios del verano. 75 cm.

ÍNDICE Y AGRADECIMIENTOS

Créditos fotográficos (s = superior; i = inferior; d = derecha; iz = izquierda)

Ray Duns: 21 (s)
Lyn y Derek Gould: 1, 9 (s), 16, 18 (i), 19, 21 (i), 23, 25 (s), 28, 29 (iiz, id),
32 (iiz, id), 36-37, 39 (s), 41, 43 (i), 45 (sd), 46 (s).
Bill Howes: 31 (iiz, id)
Harry Smith Horticultural Photographic Collection: 4-5, 6, 7, 9 (d), 17 (s, i), 18 (s), 20, 22, 22-23,
24, 25 (i), 33, 38, 39 (iiz, id), 40 (siz, sd, iiz), 42, 43 (siz, sd), 44 (s, i), 45 (iz, id), 46 (iiz, id)

Trabajo artístico: Richard Prideaux y Steve Sandilans